«Changement climatique »
L'adaptation à base communautaire

Hicham ABDEDINE

Etude d'évaluation

« Renforcement de la résilience de l'écosystème forestier et amélioration des capacités d'adaptation de deux communautés aux effets deschangements climatiques à travers une stratégie de gestion agricole et forestière durableet intégrée »

Sommaire

Liste des sigles et abréviations

AADEC : Association d'Azilal pour le Développement, l'Environnement et la Communication

AGR : Activités Génératrices de Revenus

CBA : Adaptation à Base Communautaire / Community Based Adaptation

CRF : Centre de Recherche Forestière

DREF : Direction Régionale des Eaux et Forêts

DPA : Direction Provinciale d'Agriculture

DPEF : Direction Provinciale des Eaux et Forêts

FEM : Fond de l'Environnement Mondial

FZE : Fondation Zakoura Education

GVGD : Groupement Villageois de Gestion Durable

HCEF : Haut Commissariat aux Eaux et Forêts

ONG : Organisation Non Gouvernementale

PAM : Plante Aromatiques et Médicinales

PNUD : Programme des Nations Unies pour le Développement

Ce travail a été mené avec l'appui de Mlle Kaoutar El MOUTARHFIR et Mlle Ibtissam MZIBRI qui a réalisé les focus group et entretiens avec les femmes des deux Douar sur Azilal, ce qui a permis de réunir le matériau de travail et de réflexion.

Les membres de l'équipe locale de la Fondation Zakoura Education ont grandement facilité ce travail par leur grande disponibilité.

Les partenaires du projet à Rabat et Azilal ont accepté de faire état de leurs expériences et d'apporter des contributions importantes pour cette évaluation participative.

Qu'ils soient tous ici remerciés.

Introduction

De part sa position géographique particulière, le Maroc est un des pays les plus vulnérables aux changements climatiques dans le monde. Son littoral de 3500 KM, sur lequel sont installées 80% des infrastructures industrielles et énergétiques, peut devenir un grave handicap en cas de remontée du niveau des mers. La sécheresse, devenue récurrente durant les dernières décennies, risque de devenir une question structurelle. Dans un pays où l'agriculture emploie 40% de la population active, nous avons de sérieux problèmes à résoudre. De plus la désertification et la déforestation s'accentuent, les nappes phréatiques sont affectées par des pollutions et des dizaines d'espèces animales et végétales ont disparues et continuent d'être en danger.

Les analyses météorologiques au Maroc confirment une augmentation de la température de 0,16°C par décennie, une diminution de la durée des vagues de froid de 11 jours en 45 ans, et une augmentation des vagues de chaleur, en nombre et en durée. Les précipitations présentent une variabilité plus forte en fréquence et en intensité, phénomène cumulé à celui de l'accentuation des périodes de sécheresse.

Une prise de conscience commence à émerger, mais dépasse rarement le stade d'intentions, ou de stratégies annoncées en grande pompe. Dans un pays miné par plus de 40% de taux d'analphabétisme, les mentalités sont difficiles à changer.

Le changement Climatique est une question transversale qui impacte directement les conditions de vie des populations :

- L'insécurité alimentaire : la raréfaction des ressources en eau et la détérioration des sols risqueraient d'aggraver les insuffisances de la production agroalimentaire. Des études prévoient qu'à la suite d'une augmentation de la température de seulement 2°C à l'horizon 2080, les zones agro-écologiques favorables se trouveraient réduites. les rendements agricoles pourraient baisser de 33% d'ici la fin du siècle dans certaines régions[1].
- La santé des populations à cause des modifications observées dans la répartition géographique des maladies à vecteur (paludisme, choléra) dans des régions où ces maladies n'existaient pas auparavant : cette situation pourrait être aggravée par une offre sanitaire limitée et par les insuffisances du système de veille et d'alerte épidémiologiques.
- La vulnérabilité des régions littorales : la forte densité des populations et des activités humaines dans ces régions (60% de la population marocaine et 52% de l'activité touristique) seraient menacées par l'élévation du niveau des mers. le risque est réel dans les zones où il y a conjonction de la vulnérabilité naturelle du site et de la détérioration des protections naturelles (Tanger, Mohammedia, Saidia, etc.).
- L'érosion et la biodiversité : l'aridification du climat au nord du pays a déjà provoqué la migration altitudinale et latitudinale des espèces pré-désertiques. L'adaptation de plusieurs espèces pourrait se trouver dépassée par le rythme du changement climatique. A l'horizon 2050, 22% de la flore et plusieurs espèces d'oiseaux et de mammifères pourraient ainsi disparaître.
- L'ampleur des migrations : le changement climatique pourrait provoquer des mouvements migratoires là où les marges d'adaptation des populations seraient épuisées. le Maroc serait doublement concerné du fait de l'intensification de la migration interne et de la migration sub-saharienne.

Le Maroc prend part à la 18e conférence des Nations unies sur les changements climatiques, à Doha en vue de faire avancer les négociations sur la limitation des émissions du gaz à effet de serre.

L'efficacité de l'aide publique au développement passe au premier ordre dans le cadre du projet d'adaptation aux changements climatiques dont fait l'objet de l'évaluation externe que nous allons réaliser. Pour faire la liaison, cette évaluation au coté des résultats du sommet de Doha constitueront un tournant pour le projet en question en matière de renforcement et d'engagement dans la résilience des éco systèmes forestiers au Maroc plus particulièrement ceux liés à la région qui est concernée par ce projet.

Le projet porté par la Fondation Zakoura Education (FZE), constitue une expérimentation pilote dans le domaine de la résilience des éco systèmes forestiers et de l'adaptation des stratégies de gestion forestière et agricole dans les régions montagneuses au Maroc couplée à une dynamique de concertation et de cofinancement entre différents type d'acteurs (Internationaux, nationaux et locaux). Le bénéficiaire est une région du Haut Atlas connue pour la pauvreté extrême de sa population, une pénurie des ressources naturelles, de l'eau et des opportunités d'emploi. Ajoutons à cela la complexité de son climat qui renforce les enjeux d'adaptation au changement climatique.

Dans ce rapport nous allons réaliser une évaluation participative externe du projet d'adaptation aux changements climatiques dans la perspective de voir dans quelle mesure les attentes initiales ont été concrétisées, le cas échéant les attentes non concrétisées ou en cours de concrétisations. En fin proposer des pistes d'amélioration afin de réussir les ambitions du projet.

Nous donnons ci-après un aperçu sur l'ensemble des partenaires du projet:

Les partenaires institutionnels :

L'objet de l'assistance concerne l'accompagnement technique sur les opérations de plantations et les formations de gestion durable des espaces forestiers, on trouve le :

- Haut Commissariat des Eaux et Forets et de la Lutte Contre la Désertification;

- Centre de Recherche Forestière ;

- Direction du Développement Forestier ;

- Direction Provinciale de l'Agriculture ;

Les partenaires Internationaux :

L'objet de l'assistance de ces partenaires concerne le financement, l'appui au montage, suivi évaluation du projet, ainsi que la participation aux comités de pilotage du projet. On trouve le :

- PUND ;
- PMF-FEM ;
- UN Volontaires ;
- Corps de la paix des USA ;

Les partenaires régionaux et locaux :

- Ambassade de Finlande ;
- Association d'Azilal pour le Développement, l'Environnement et la Communication (AADEC) ;

Section I : Objectifs de l'évaluation et méthodologie de travail

I. Objectifs de l'évaluation

Dans le cadre du projet communautaire d'adaptation aux changements climatiques et en particulier de l'axe relatif à l'évaluation des avancées réalisées, les porteurs de ce programme se sont fixé deux principaux objectifs de l'évaluation :

1. Faire le bilan des évaluations participatives internes et l'analyse des rapports d'activités;

2. Identifier les meilleures pratiques et les enseignements tirés qui pourraient assurer la pérennité des actions d'Adaptation aux Changements Climatiques.

A partir de ces deux principaux objectifs se déclinent des objectifs spécifiques s'agissant de :

- o *La mesure concrète du degré de réalisation des activités et des résultats atteints au regard des objectifs du projet;*
- o *La mesure et l'analyse des indicateurs du projet;*
- o *L'analyse des acquis du projet en termes de mobilisation communautaire (femmes et jeunes notamment) et de renforcement des capacités ;*
- o *L'analyse approfondie et argumentée des difficultés rencontrées ;*
- o *L'identification des facteurs de durabilité du projet (renforcement des capacités, régénération durable de l'écosystème, appui institutionnel…) ;*
- o *L'impact au niveau des politiques : rencontre avec les pouvoirs publics, afin d'analyser comment les méthodes du projet ont inspiré des stratégies locales et nationale, etc.) ;*
- o *L'identification de leçons apprises et d'expériences à partager.*

II. Méthodologie de travail

Pour répondre aux termes de référence qui demandent à la fois l'évaluation dans sa globalité, la confrontation des activités réalisée aux objectifs de départ et la diffusion des bonnes pratique et des méthodes de capitalisation, nous avons classés selon sept axes majeurs les éléments sur lesquels portera l'évaluation.
Ces axes sont :

Axe 1 :
Réalisations Axe
2 : Résultats Axe
3 : Impact
Axe 4 : Durabilité
Axe 5 : Mobilisation /Appropriation
Axe 6 : Avis de la population sur les approches
utilisées Axe 7 : Changement des pratiques et du
comportement

La mise en œuvre de cette évaluation dépend de multiples facteurs qu'il est important d'analyser dans une démarche de qualité. Sur le plan technique, les données ont été récoltées en utilisant trois outils différents. Nous citons les outils suivants :

- **L'analyse documentaire :**

En vue de rester fidèle aux exigences des Termes de Référence, nous avons traité les documents disponibles en se référant aux critères d'évaluation, dans l'objectif de comparer ce qui a été réalisé par l'équipe du projet et ce qui a été relevé sur le terrain par le consultant.

Nous avons pu traiter les documents suivants :

- Le document projet ;
- Les trois rapports d'activités.

- **Les entretiens avec les partenaires :**

A ce sujet, une grille d'entretien avec les partenaires a été élaborée (voir annexe 1), et qui se base sur les critères d'évaluation déjà cités ci-dessus (voir compte rendu en annexe 2). Ces entretiens individuels on concerné les pouvoirs publics partenaires, les bailleurs de fonds et autres, etc.

L'échantillon arrêté a concerné les organismes suivants :

- Le Centre de Recherche Forestière de Rabat ;
- Le Programme CBA (PNUD-FEM) ;
- La DREF de Bénimellal ;
- La DPA de la province d'Azilal ;
- Le Corps de la Paix des USA ;
- L'AADEC ;

N.B : Pour l'entretien avec l'AADEC, le temps consacré aux visites ne l'a pas permis, il faut savoir que seulement la route à un Douar prend une moitié de journée aller et retour, en plus du temps perdu dans l'attente du rassemblement des communautés plus particulièrement les femmes. Ajoutons à cela les activités de l'équipe locale (l'évaluation de la vulnérabilité et les démonstrations sur les parcelles avec les EF) qui ont pris un temps important dans les deux visites. De ce fait nous nous sommes basés sur les entretiens réalisés avec les autres partenaires.

- **Les Focus group et entretiens avec la population locale:**

De même, une grille de questionnement (voir annexe 3) concernant les Focus group et les entretiens avec la population, a été conçue. Le but était d'approfondir l'analyse et de rendre le travail dûment qualitatif, ainsi aboutir à une vision convergente et stratégique. Sur cette base une trame d'animation des Focus group a été mise en place pour faciliter et organiser le déroulement (voir annexe 4). Le cas idéal était de réunir la population bénéficiaire constituée des femmes, des hommes et des jeunes, pour enrichir le débat, et réfléchir ensemble sur des pistes d'évolution et de pérennisation du projet. Notre première visite a bénéficié de la présence des Groupements de Villageois pour le Développement Durable des deux Douars, et les agents des Eaux et Forêts de la commune Ait Mhamed. Concernant la deuxième visite, elle a été centrée sur la rencontre de la population bénéficiaire, et les plantations pilotes sur les parcelles sous l'encadrement des eaux et forêts. Pour plus de détail voir les comptes rendu des visites en annexes 5 et 6.

N.B : A cause de la pluie torrentielle qui a affecté la région d'Azilal le soir du 05 novembre, l'équipe n'a pas pu continuer sa mission. La route a été totalement coupée, chose confirmée par le chauffeur qui transmettait le matériel de logistique au Douar Swit et qui est resté bloqué toute la nuit dans la route... Ajoutons à cela le risque que l'équipe a parcouru lors du départ au Douar Sremt, un petit glissage a failli nous balancer au fond d'une vallée.

III. Déroulement des missions de terrain

En respectant le choix du mandataire, un échantillon de partenaires a fait l'objet d'une visite de la part du consultant chargé de l'évaluation participative du projet d'adaptation au changement climatique. Le consultant a arrêté et validé en concertation avec FZE une grille d'interview destinée aux partenaires du projet. (Voir le compte rendu en annexe 5).

a. Avec les partenaires

Dans un premier temps, une liste de contact a été mise à la disposition du consultant en vue d'organiser les réunions avec les partenaires. Par la suite nous avons entrepris les contacts avec les personnes qui figurent dans l'échantillon de l'évaluation participative de telle sorte à ce que les rendez-vous arrangent le plus que possible les partenaires, vu qu'il s'agit en majorité de personnes travaillant dans les administrations. En ayant l'approbation des partenaires nous avons procédé à l'envoi des e-mails contenant la grille des questionnements, l'objectif étant de permettre aux partenaires d'avoir une idée sur l'objet des interviews. La grille de questionnements a été envoyée à tous les partenaires désignés sans exception.

La durée des entretiens a été variable suivant les informations dont dispose chaque partenaire son degré d'implication dans le projet. La durée moyenne des entretiens réalisés avec les différents partenaires a atteint 44 minutes. Il s'agit d'une durée largement suffisante pour récolter les informations nécessaires.

Concernant la facilitation des entretiens, les partenaires se sont comportés avec beaucoup de souplesse et ont rendu la mission aisée pour le consultant.

Le tableau suivant présente l'organisation des entretiens avec les partenaires:

Nom et prénom	Organisme	Qualité	Date	Lieu
Said HAJIB	CRF	Directeur	03/09/2012	Rabat
El Mostafa LAMQADDAM et Fatima AKNLI	Peace Corps	Directeur Appui au programme du pays	06/09/2012	Rabat
Abdelfatah NAOURI	DREF Bénimellal	Chef d'étude services	16/09/2012	Casablanca
Anne-France Wittmann et Omar Zemrag	Programme CBA	Chargée de programme	09/10/2012	Rabat

El Amine AJAL	DPA Azilal	Ingénieur horticole	28/09/201 2	Azilal

b. Efficacité de l'équipe locale

L'équipe locale en charge du suivi et des activités du projet sur les deux Douars, assurent la coordination de façon pertinente. Ils ont noué un relationnel solide avec la population des deux douars, ce qui a facilité l'intervention de l'équipe d'évaluation et a rendu la mission optimale.

L'animateur de FZE joue le rôle d'un effet moteur dans le projet de façon générale, également pour l'animatrice de l'AADEC qui a bien facilité la tâche à notre collaboratrice pour récolter les informations dans les focus group femmes, ceci est du au fait que l'animatrice est d'origine amazigh et les femmes des Douars lui font beaucoup confiance. Ainsi l'aspect de rapprochement géographique de l'équipe local apporte une efficacité dans le suivi des activités. L'animateur qui habite à Bénimellal à 1 heure 30 minutes d'Azilal et puis l'animatrice de l'AADEC qui est localisée à la ville d'Azilal.

Lors des visites de terrain au deux Douars, l'animateur de FZE a très bien facilité l'accueil, l'installation de l'équipe d'évaluation et le déroulement des visites des Douars de façon générale.

Section II : Evaluation du degré de réalisation des activités au regard des objectifs

I. Renforcement des capacités et sensibilisation

Le renforcement des capacités a été présent de façon transversale sur l'ensemble du projet. Etat justifié par le caractère nouveau du projet et par son ambition environnementale peu pensée voir même inexistante dans les Douars du Haut Atlas. On peu ajouter à ce qui précède, le faible niveau d'instruction de la population ou encore une population majoritairement analphabète. Ce qui engendre une action par le renforcement des capacités et la formation des bénéficiaires. D'où l'importance d'agir par l'aspect formation et sensibilisation a fin de créer une réactivité entre les populations défavorisées et leur environnement.

Pour être précis le renforcement des capacités locales s'est fait par des formations techniques à deux groupes, chacun représentant son Douar autour de deux axes visant à adapter les pratiques au changement climatique: un axe «forêt – sylvo-pastoralisme» pour appuyer l'adaptation des pratiques de gestion forestière durable et communautaire (et notamment pour éliminer les coupes abusives), et un axe « agriculture résiliente et conservatoire ».

Concrètement, le nombre de bénéficiaires du renforcement de capacités a atteint un total par Douar et par sexe de : 89 femmes et 56 hommes sur le Douar Sremt, 38 femmes et 42 hommes sur le Douar Swit. En plus de la formation qui a été destinée à l'équipe locale composée de quatre personnes.

Les formations ont apporté aux bénéficiaires des connaissances techniques sur les méthodes de gestion durable des espaces forestiers, des méthodes d'amélioration de la productivité agricole, ainsi l'apport a concerné les solutions et les gestes pour l'adaptation aux changements climatiques en mettant en place des mesures innovantes et durables, tel que :

- Formation aux membres de l'équipe locale, sur les activités du projet et la conduite d'un projet d'adaptation aux changements climatiques ;
- Formation technique des Groupements Villageois sur les pratiques sylvo-pastorales résilientes ;
- Formation technique des Groupements Villageois sur l'agriculture conservatoire ;
- Formation technique sur la production de compost organique;
- Formation sur le montage des AGR ;

Le taux de réalisation de ces formations a atteint 100% par rapport au cadre logique, malgré les difficultés rencontrées sur le terrain qui sont liées aux conditions climatiques et à la difficulté de réunir les communautés lors des cessions de formation.

L'ensemble de ces formations ont été réalisées sur la base de méthodes réactives et participatives, et respectant les aspects culturels des communautés des deux Douars. Le choix des consultants externes s'est fait sur des normes axées sur le genre en impliquant dans l'équipe au moins une femme pour animer les ateliers qui concernent les femmes des Douars, en mettant le point sur la langue amazigh pour faciliter le déroulement des formations et garantir le passage de l'information aux bénéficiaires. Deux principaux problèmes ont constitué un obstacle au déroulement des formations. Le premier problème est lié à la difficulté de rassembler les communautés pour assister aux ateliers, le deuxième est lié aux conditions climatiques difficiles qui ont généré plusieurs reports dans la réalisation des formations, à cause de la coupure des routes dans la période de l'hiver. Le porteur de projet a procédé à plusieurs aménagements dans le planning en vue de réaliser toutes les formations dans de bonnes conditions.

La formation sur l'agriculture conservatoire et la formation sur la production de compost organique ont été le plus apprécié par les communautés du fait de leur caractère pratique et facile dans la mise en place. Sur cette base les communautés demandent plus de pratique au niveau des formations en raison de leur âge. La théorie doit être accompagnée de la pratique sur le terrain, ceci permettra aux communautés de bien maitriser les techniques.
Il faut noter en fin que les bénéficiaires ont appris à être conscient de l'importance que représente l'environnement, et comment s'adapter à ce dernier à travers des méthodes simples et qui ne demandent pas beaucoup de moyens, tel que par exemple le traitement biologique des insectes et microorganismes qui attaquent les récoltes, sans passer par l'utilisation des pesticides qui épuisent les sols. De même, ils ont appris à produire eux même le compost organique qui permet d'enrichir le sol et générer une bonne récolte. En outre, les bénéficiaires ont eu l'occasion de disposer de nouvelles techniques à travers l'encadrement des eaux et forêts et les agents de la DPA, en matière de préparation des sols et des plantations.

II. Amélioration et adaptation des techniques agricoles pour une agriculture résiliente

Dans ce volet, les réalisations ont été les suivantes :

Aménagement des parcelles tests de fourrage hivernal alternatif dans chaque Douar :

L'analyse topographique des parcelles tests pour la préparation des sols a été effectuée par le DPA. Le choix a été mis sur un terrain exposé au courant d'aire Sud en vue de protéger les plants d'Atriplex des vagues de froid. Le nombre de plants qui était prévu au départ est de 3000 plants, ce nombre a été réduit à 2000 plants pour s'adapter aux parcelles qui seront fournit par les communautés. En définitive, le nombre a atteint 1600 plants. Ce qui donne un taux de réalisation de **53%** des plants à la pépinière. Cette baisse est due en partie à un problème de stockage dans la pépinière d'Azilal par les agents de la DPEF. Notons ainsi le report des plantations de l'Atriplex au mois de novembre 2012 sur la base des recommandations de la DPA. Ceci en vue de garantir la croissance des plants qui doivent atteindre une taille de 15 cm au minimum pour être planté dans les parcelles. Néanmoins, au cours du mois de novembre aucune plantation d'Atriplex n'a été effectuée. Toutes les plantations ont été réalisées à la fin du mois de décembre 2012.

Production de compost organique :

L'objectif de départ était d'aménager deux lieux de compostage, un lieu par Douar, et d'installer un broyeur communautaire dans chaque Douar pour facilité l'activité de production d'un compost de qualité. L'activité s'est transformée en la production du compost organique de manière traditionnelle. Une enquête a été réalisée par les volontaires du Peace Corps, l'objectif était d'analyser les matières organiques qui peuvent être utilisées dans la production du compost organique. Cette enquête a été accompagnée par certaines difficultés, tel que l'absence de synonymes amazigh des mots techniques du questionnaire élaboré.

Par la suite, un atelier pratique devait servir à former les communautés sur l'utilisation collective du composteur. Par contre, l'atelier qui s'est réalisé a concerné la méthode de préparation d'un compost organique traditionnel. Cet atelier a eu l'avantage d'être pratique et les communautés ont participé à toutes les étapes d'élaboration du compost. Les résultats sont remarquables, s'agissant de la dissémination de l'expérience, 11 foyers au Douar Sremt et 18 foyers au Douar Swit ont pratiqué cette technique. On note que malgré l'éloignement des habitations au Douar Swit, le nombre de foyers ayant pratiqué la technique est plus important, sachant que la communauté du Douar se réunit une seule fois par semaine « le vendredi ». Cela prouve la volonté de la population d'améliorer le rendement de leurs récoltes.

III. Plantations forestières et régénération de la thuriféraie

Le projet s'est basé sur des techniques combinées pour adapter les cultures aux évolutions climatiques et à la variabilité des précipitations, et garantir un approvisionnement en produits alimentaires et en fourrages pour les communautés ce qui réduira les impacts sur les dépenses des ménages, aujourd'hui fortement dépendants des produits des marchés pour l'alimentation complémentaires des animaux. Cet objectif permettra aussi d'avoir un impact durable sur les espaces forestiers, en réduisant les prélèvements fourragers et en favorisant une gestion collective raisonnée et durable.

Pour visualiser les réalisations, nous allons avancer ce qui suit :

Expérimentation de la plantation de Genévriers par la technique de bouturage Thurifère par la technique de bouturage :

Sur le terrain, les boutures de Genévrier Thurifère n'ont pas encore été plantées dans le Douar Swit. D'après les avis d'un agent des Eaux et Forêts, la durée de mise en pépinière est courte, les plants devront y rester encore longtemps, pour quelle puissent germer correctement dans les parcelles test, et s'adapter aux conditions climatiques d'un hiver très difficile.

Plantations d'espèces arborées résilientes et adaptées pour la production complémentaire de bois et feuilles :

La mise en œuvre des semis a été effectuée à la pépinière d'Azilal. Les graines collectées ont concerné le Chêne Vert (3700), ce nombre a diminué pour atteindre 1200 plants qui étaient en bon état, ce qui nous donne un taux de réussite de **37.3%** seulement. Pour le Frêne le nombre de départ était fixé à 1340 graines, ce nombre a diminué pour générer 1240 plants. Le taux de réussite pour ce dernier est de **92.5%**. Les semis du Retama on concerné 1000 graines, et ont finis par 815 plants qui sont on bon état. Le taux de réussite est de **81.5%**. Le Cytisus a diminué de 400 à 192 plants qui ont été en bonne santé lors du déplacement vers les parcelles test, le taux de réussite a atteint **48%**.

Les taux de germination du Frêne et du Retama ont été importants. Par contre le faible taux de réussite du Chêne Vert est lié à deux facteurs : un facteur externe à l'équipe projet lié au maintien des graines dans des conditions d'humidité et à portée des rongeurs, sans protection par les agents de la pépinière. Ainsi qu'un facteur interne à l'équipe projet et ses partenaires lié au report des semis des graines de novembre 2011 à mars 2012 en raison de l'attente de la convention de partenariat signée par le HCEFLCD (en février 2012). De plus, les équipes ont du retourner prélever des graines de chêne vert pour remplacer celles perdues pendant la période d'attente, et ont collecté en période sous-optimale pour la croissance en pépinière. Le taux réduit du Cytisus montre qu'il a été collecté trop tardivement sur site contrairement aux propositions des Eaux et Forets.

L'ensemble des plants réussit ont été déplacés dans les deux Douars. Ils ont été répartis par l'équipe locale, et chaque Douar a bénéficié de la moitié des plants. Notons, que la plantation dans les parcelles a couvert la totalité des plants. *Pour plus de détail concernant les parties I et II de la section II (voir annexe 4).*

En fin une réunion de concertation et de négociation, devait se tenir avec les acteurs locaux et régionaux à savoir les services publics et les institutions de recherche. Cette réunion devait mettre l'accent sur l'appréciation des avancements dans le projet, et la réflexion sur le futur des espaces forestiers. Cette réunion n'a pas été réalisée jusqu'à nos jours.

IV. Développement des activités génératrices de revenus

La population des deux Douars se trouve confronté à une pauvreté extrême. Pour cette raison le projet a consacré un axe aux Activités Génératrices de Revenus, en vue d'offrir les conditions de la mise en œuvre d'activités artisanales innovantes à partir des espaces forestiers, bien entendu dans le respect de l'équilibre écologique. Une attention particulière a été portée sur la valorisation du Genévrier Thurifère qui présente des vertus aromatiques et médicinales.

Au sujet des AGR une étude de faisabilité a été réalisée et accompagnée d'ateliers participatifs pour l'identification des AGR faisables ainsi que des formations sur le montage de projet AGR. Lors de la deuxième visite d'évaluation participative il y'a eu des réactions des populations en rapport avec ce sujet. Les hommes lors du focus group participatif ont exprimé le besoin à des plantations fruitières pour s'enrichir et dégager un revenu stable. Même s'ils sont convaincus de l'importance des plants dans la protection des sols contre l'érosion et l'écoulement de la boue, le retour à la question de la pauvreté et la recherche de solutions pertinentes pour sortir de la précarité se confirme d'avantage. De même pour les femmes, les AGR sont le seul moyen pour améliorer leur niveau de vie. L'étude de faisabilité, s'est centrée sur les propositions des communautés. Ces dernières ont avancée plusieurs AGR importantes qui tiennent compte des aspects et des ressources naturelles des deux Douars. On trouve les PAM, le tissage, production laitière, l'apiculture, l'élevage... Il faut noter que l'idée de création d'AGR n'est pas récente, l'idée de créer une coopérative de lait a été présente dans le Douar Sremt avant l'avènement du projet. Cette idée a été encadrée par le consultant chargé de l'étude AGR, pour finaliser et expliquer aux communautés comment faire fonctionner et gérer cette coopérative. La coopérative de production de lait est en cours de création.

Le développement d'AGR se heurte à différents obstacles, en premier lieu le problème lié aux infrastructures de base, on parle ici du réseau routier qui se trouve dans une situation chaotique et inaccessible en périodes d'hiver et de pluies orageuses qui surviennent même en saison d'été. En deuxième lieu les AGR qui ont été identifiées, rencontreront l'obstacle de circuits commerciaux.

Il faut signaler que nous sommes encore dans la faisabilité et l'identification d'une AGR, mais du coté pratique, pour lancer une AGR il faut des moyens importants (Local, matériels, ressources humaines qualifiées...). Face à ses éléments, se trouve la population des femmes et hommes des Douars qui ont besoin de solutions urgentes pour sortir de la pauvreté.

Certes, l'étude de faisabilité a relevé des AGR pertinentes et a mis en place des couts estimatifs détaillés. Mais, cette étude n'a pas mis l'accent sur plusieurs aspects importants qui constituent la base de réussite d'une AGR. Tout d'abord il fallait mettre le point non seulement sur la désignation des bailleurs de fonds, mais aussi sur les démarches et techniques pour les approcher. Ensuite il fallait procéder à l'identification des circuits économiques des différentes AGR, car nous ne pouvons pas parler de marge bénéficiaire par individus tant que nous n'avons pas encore identifier les débouchés de commercialisation. Un autre élément, est celui lié à la professionnalisation de l'AGR. Il est certain que nous sommes en face de deux communautés touchées par un taux d'analphabétisme très élevé, de ce fait l'étude devait faire ressortir des méthodes et des approches adaptées au contexte des communautés, en vue de leur permettre d'assurer la gestion de leurs coopératives sur le plan administratif et financier, et d'organiser et répartir à bien le travail entre les différents membres. En fin, instaurer des méthodes d'hygiène et de conditionnement en vue de valoriser le produit de l'AGR.

V. Capitalisation des bonnes expériences

L'objectif de ce processus est de conduire, de manière concertée et partagée, un travail de fond sur une année de conduite du projet. Il comporte notamment une visée prospective en tentant de saisir les innovations et les enseignements clés pouvant permettre de bâtir un nouveau projet impliquant une démarche collective et une concertation multi-acteurs.

Grâce à cet exercice, la capitalisation va servir, d'une part, à « mieux comprendre ses propres méthodes » et à partager ses (bonnes) pratiques et, d'autre part, à démontrer l'intérêt d'une action concertée entre la société civile, les pouvoirs publics, les collectivités locales et les bailleurs de fonds.

Jusqu'à aujourd'hui, aucun résultat n'a été recensé au niveau de la capitalisation des bonnes pratiques du projet, alors que ce dernier touche à sa fin. Il est force de constater que le fait de mettre en place des brochures de communication autour des activités du projet, n'est pas suffisant pour porter parole à l'égard d'autres communautés, aux partenaires du projet et aux bailleurs de fonds. La capitalisation et la dissémination de l'expérience impliquent la mise en place d'un chantier de travail tout comme l'évaluation du projet. L'objectif étant de relater des histoires de vies, des expériences qui ont généré du succès, tout en analysant le parcours avec ses étapes et ses connaissances...

Lors de notre mission nous avons pu relever certaines bonnes pratiques qu'il est important de diffuser autour du projet, nous pouvons citer :

- o L'expérimentation pilote de plantation du chêne dans les Douars du Haut Atlas, en vue de doter les communautés de solutions d'adaptation au changement climatique. Cette action s'est traduite par la plantation de 1200 plants dans les deux Douars ;
- o L'octroi bénévole des terrains par les deux communautés, cela montre l'engagement et l'adhésion des communautés dans les actions du projet. Le terrain qui était prévu est de trois hectares, mais jusqu'à aujourd'hui la cartographie n'a pas encore été réalisée pour nous permettre d'identifier la surface réelle des terrains octroyés ;

- o La technique de compostage traditionnel, la technique de fours aménagés ont suscité un grand intérêt de la part des bénéficiaires. Notons que ces actions sont simples dans la pratique et ne nécessitent pas de grands moyens. La technique de compostage a permis de rendre les bénéficiaires autonomes, ils sont capables de produire eux même le compost organique. Sur les deux Douars 29 foyers l'on déjà

produit (18 foyers sur Swit et
11 foyers sur Sremt). Pour la technique des fours aménagés, notons qu'elle a été beaucoup appréciée par les femmes. Cette technique permet d'économiser sur le bois de chauffe, mais le problème c'est qu'elle a été présentée par erreur aux femmes, et elle ne concernait pas le projet en question.

Section III : Analyse des indicateurs du projet

Dans le cadre de cette section, il est question d'analyser les indicateurs qui permettent de déterminer les impacts du projet sur son environnement. Nous allons rester sur les indicateurs de base du PNUD, sans oublié que nous avons identifié d'autres indicateurs aussi bien quantitatifs que qualitatifs tel que :

- *Le nombre de parcelles par personne ;*
- *Le nombre de personnes actives par parcelle ;*
- *Le nombre de plants par personne ;*
- *La surface par personne et par parcelle ;*

Ces indicateurs vont nous permettre de tirer des informations quantitatives à fin de constater des éléments de motivation ou de frustration qui se manifesteront chez les membres de la communauté des deux Douars après les plantations.

Malheureusement nous n'avons pas pu relever ces indicateurs faute d'organisation des visites de manière à couvrir toutes les activités. La dernière visite de terrain nous a permis seulement de visualiser quelques plantations test après la clôture des focus group. La Directrice du pôle Environnement de FZE nous a promis qu'elle se chargera de mettre à notre disposition ces indicateurs suite à sa future visite aux deux Douars. Concernant la vérification des indicateurs du CBA nous avons déjà expliqué dans (la section I, paragraphe II) les raisons qui n'ont pas permis la réalisation de certaines actions de la part du consultant, tel que la rencontre avec l'AADEC, ainsi que la vérification des indicateurs du CBA sur le terrain…

Nous allons donc nous contenter de reprendre les indicateurs de base déjà établis par le CBA et qui figurent dans le dernier rapport d'activités. Ainsi montrer dans quelle mesure ces indicateurs ont été atteints, voir les tableaux ci-après :

I. Indicateurs d'impact

Indicateurs	Situation prévue à la fin du projet	Situation actuelle
Nb d'ha de terres faisant l'objet d'une gestion rationnelle au titre du projet (Erosion)	3 ha de terrain privés	En attente résultats d'établissement d'une cartographie (SIG) par le volontaire Corps de la
Nombre d'innovations ou de nouvelles Technologies appliquées pour combattre la dégradation des espaces forestiers (Biodiversité)	-	3 Innova tions - Plantation de frêne en pépinière ; - Techniques de bouturage du Genévrier Thurifère ; - Technique de compostage dans les douars ;
Augmentation du revenu Des ménages par le revenu accru ou des coûts réduits dus au projet	-	0
Nombre d'individus (le genre désagrégé) qui ont bénéficié du projet (Réduction de la pauvreté)	94	75 dont 38 femmes
Nombre d'ONGs et de groupes communautaires de base ayant participé, ayant été impliqué ou ayant été formés dans le projet (Renforcement de capacités)	-	- 1 ONG ; - 2 associations locales de douar ; - 2 services étatiques déconcentrés (DREFLCD et DPA)
Nombre de femmes ayant participé ou ayant été impliquées dans le projet (Renforcement de capacités et gouvernance inclusive)	-	38 femme s

II. Indicateurs d'adaptation

Indicateurs	Situation de démarrage	Situation actuelle
Population de la zone du projet couverte par des programmes de sensibilisation au changement	-	75 dont 38 femmes
Nb d'acteurs (ONGs, collectivités...) engagés dans le projet, et formés à la gestion des risques climatiques et à la planification dans ce domaine (capacité d'adaptation)	-	- 2 ONG ; - 2 associations locales ;
Pourcentage des populations engagées dans des Activités communautaires de gestion durable (gestion durable)	-	10 % des ménages
Nombre de mesures déployées dans les activités de Gestion durable des ressources (gestion durable des ressources naturelles)	-	3 mesures agro-écologiques : - (technique de compostage dans les douars ; - élaboration d'insecticides naturels) ; - démonstration des méthodes de préparation des sols avant plantation des haies végétatives ;

III. Analyse des indicateurs

o Concernant les trois hectares de terrain privés qui feront l'objet d'une gestion rationnelle au titre du projet, n'ont pas encore été arrêtés ou identifié, en raison de la non réalisation de la cartographie.

o Le nombre d'innovation est très important, malgré la courte durée du projet, on note la mise en place de 3 innovations qui ont concerné : la technique de compostage dans les douars ; l'élaboration d'insecticides naturels ; et en fin la démonstration des méthodes de préparation des sols avant plantation des haies végétatives. En faisant la comparaison entre la valeur attendue à la fin du projet qui est la mise en place de 5 innovations et les réalisations sur le terrain, le taux de réalisation de ces innovations à atteint 60% ;

o Pour l'augmentation du revenu des bénéficiaires, rien n'a été fait jusqu'à aujourd'hui, on est resté sur l'étude de faisabilité des AGR, ainsi que les formations de montage de projet AGR. Nous constatons donc que l'indicateur relatif à l'augmentation du revenu des bénéficiaires n'est pas adapté à la durée du projet. Pour le déterminer il faut s'inscrire dans la durée, car les revenus ne pourront êtres générés qu'après la commercialisation des produits des AGR ;

o Le nombre d'individus qui ont bénéficié du projet à régressé de 94 personnes au démarrage, à 75 personnes dont 38 femmes aujourd'hui. Cela est dû à certain facteurs liés aux activités quotidiennes et saisonnières des villageois, tel que le travail dans l'agriculture, la coupe de bois, le pâturage et la récolte de certaines cultures comme les amandes et les noix... En comparant la mesure de cet indicateur à la valeur attendue à la fin du projet qui de 200 personnes, nous allons constater que le taux de réalisation a été de 37.5%.

o Le nombre d'acteurs qui ont été impliqué formé dans le projet concerne 2 ONG et 2 associations locales, il faut mettre l'accent ici sur l'absence des Collectivités locales, les élus locaux doivent êtres également formés à la gestion des risques climatiques. Sur la base de la valeur attendu à la fin du projet qui dois au moins couvrir 2 ONG, 2 gouvernements locaux, et 10 partenaires, nous constatons que le taux de réalisation à atteint 28%.

o Le pourcentage des de populations engagées dans des activités communautaires de gestion durable est de 10%, une tranche qui est minime par rapport au nombre total des deux Douar, qui est de 1120 habitants au Douar Sremt et 900 habitants au Douar Swit, ce qui fait une population totale de 2020. En faisant la comparaison avec la valeur attendue à la fin du projet qui est de d'au moins 50%, nous constatons que le taux de réalisation a atteint 20%.

Les indicateurs d'implication des individus dans les activités du projet sont difficilement vérifiables. Prenons l'exemple de la formation « Agriculture résiliente », dans le Douar Sremt. Dans une première session au mois de mai, le nombre de participants femmes à atteint 28 femmes, la deuxième session au mois de juin a enregistré un nombre de participants de 15 femmes, le nombre initial a été presque réduit par la moitié. Cela explique que les bénéficiaires ne s'inscrivent pas dans la continuité des activités du projet. En interrogeant les bénéficiaires, ils ne se rappellent pas de l'intitulé des formations auxquelles ils ont assisté. Et ils affirment qu'ils assistent quand les conditions le permettent. Cela est dû à l'implication des populations dans d'autres activités (Souk, agriculture.etc.).

Lors des entretiens, les femmes ont déclaré le fait qu'elles fonctionnent par principe de complémentarité lors des activités du projet, si une femme ou une catégorie de femmes n'assistent pas, celles qui ont assisté s'engagent à transmettre l'information au reste.

C'est le cas également pour les hommes des deux Douars. D'où la difficulté de mesurer le nombre d'individus ayant bénéficié des activités du projet. Est-ce que nous devons mesurer seulement les personnes qui ont assisté à toutes les activités ? Ou bien mesurer toutes les personnes qui ont assisté, même si la personne n'à assisté qu'une seule fois aux activités ? Pour répondre à ces questions, nous avons posé aux bénéficiaires la question suivante : Comment vous faites lorsque vous vous absentez lors d'une activité du projet ? Ils ont répondu que les personnes qui ont eu le temps pour assister s'engagent impérativement de transmettre les informations et le contenu de l'activité, ce qui veut dire que les communautés se complètent les uns les autres pour que tout le monde soit au courant des activités.

En se basant sur les PV des formations, nous avons pu identifier le nombre de femmes et de d'hommes qui ont participé aux activités, ainsi nous avons calculé la moyenne des femmes et celle des hommes qui ont participé aux activités. La moyenne des femmes est de **27 femmes**, la moyenne des hommes est de **24 hommes** qui ont participé aux activités du projet.

Section IV : Critères d'évaluation : Analyse et constats

I. La mise en œuvre du projet

Le fondement du projet d'adaptation aux changements climatiques s'est focalisé sur trois critères incontournables et novateurs, à savoir : La concertation pluri acteurs, le cofinancement et les méthodes de pilotage du projet.

a. Concertation pluri acteurs

La conception et la mise en place du projet se sont effectuées sur une plate forme concertée réunissant une diversité d'acteurs. Ces acteurs issus de différents domaines d'action, et de différentes catégories institutionnelles (Pouvoirs Publics, Programmes de coopération internationale, ONG). Dotés de visions divergentes en action, ces acteurs étant réunis dans ce projet on confirmé plus qu'affirmé une volonté de faire converger leurs actions vers un développement communautaire par excellence, cherchant à réhabiliter le patrimoine forestier des deux Douars concernés et de conduire également à un impact socioéconomique et environnemental favorable, qui s'inscrit dans une optique de durabilité.

La concertation implique un engagement de tous les acteurs dans l'action, ainsi que dans la réflexion autour du devenir du projet. Malheureusement quelques limites sont à signaler dans la communication et le transfert des informations autour du projet. On se basant sur les réunions avec les partenaires, il s'avère une méconnaissance de certains aspects du projet, au-delà certains partenaires ont affirmé que depuis le démarrage du projet ils n'ont jamais été sollicité pour quoique se soit, et qu'ils n'on pas d'information sur le déroulement des activités au niveau local. Nous allons rester fidèles à la demande de ces partenaires de ne pas mentionner leurs noms.

Il est force de constater que dans ce projet, on se trouve face à un travail isolé. Chaque acteur travaille isolément des autres partenaires, il fait ce qui rentre seulement dans sa spécialité. Donc on assiste à un manque de transversalité de la vision des partenaires. Ce manque de transversalité induit un faible engagement des partenaires. Si par exemple le forestier n'est pas conscient de la pauvreté dans laquelle vit la population du Douar, et il reste limité au couvert végétal, l'optimum ne sera en aucun cas réalisé. Les choses donc doivent se réaliser dans une sphère homogène et complémentaire, pour générer des résultats satisfaisants.

b. Logique du cofinancement et du partenariat

Cette logique entend faciliter la participation et alléger la lourdeur des charges sur un seul organisme. De ce fait l'appel au partenariat dans des projets cofinancés tel que le projet d'adaptation aux changements climatiques permet d'assoir une vision de souplesse et d'apport conjoint en terme de fonds et de ressources humaines, matérielles et de savoir faire technique de la part de l'ensemble des acteurs concernés. Rappelons ainsi l'objet de la circulaire du 27 juin 2003 qui stipule : « *...Cette circulaire traduit la volonté du Gouvernement de faire du partenariat avec les associations l'un des instruments privilégiés permettant de concrétiser la nouvelle politique de proximité, qui vise à lutter contre la pauvreté et à améliorer les conditions de vie des citoyens en situation de précarité ou de difficulté, à travers la satisfaction de leurs besoins prioritaires moyennant un ciblage pertinent des projets et des bénéficiaires* ».

c. *Méthodes et Outils de pilotage du projet*

Dans l'objectif de mener à bien le projet d'adaptation aux changements climatiques, la FZE a mis en place un certain nombre de méthodes et d'outils de pilotage du projet. On peut citer ce qui suit :

- Assurer une formation à l'équipe locale qui porte sur les techniques participatives et les techniques de conduite d'un projet d'adaptation aux changements climatiques ;
- L'élaboration de rapports narratifs périodiques, pour rendre compte du déroulement des activités sur le terrain ;
- Les réunions stratégiques du Comité de pilotage ;
- Les visites techniques de suivi de la production des plants au niveau des pépinières ;
- Une coordination permanente par mailing et par téléphone entre la Responsable du pôle environnement FZE et le chargé de suivi terrain ;

Quant aux Comités de pilotage, trois ont été censés avoir lieu avec la nécessité de la présence de l'ensemble des parties prenantes du projet en vue de réfléchir ensemble dans une vision rétrospective pour corriger les disfonctionnement et implémenter des solutions évolutives. Ces comités de pilotage doivent être transcrits et archivés pour une utilisation ultérieure.

Parmi les points forts qui montrent la créativité de l'équipe locale, on note l'élaboration d'un guide des outils de mobilisation de la population. Ce dernier a été mis en place par la FZE, ce guide émane du fruit de cinq ans d'expérience sur le terrain dans les montagnes du Haut Atlas (voir l'encadré ci- dessous). Ajoutons également la mise en place des conventions avec les associations locales qui s'est traduite par le fait de détacher leurs personnels en vue de porter l'assistance lors des activités, ainsi que la mobilisation des deux volontaires Peace Corps qui sont déjà sur place et interviennent dans les activités du projet selon leur disponibilité.

Encadré 1 : Outils de mobilisation de la population

__Quelques techniques générales à suivre en dans les projets communautaires__

- Pour mieux réaliser une bonne mobilisation. Il faut d'abord **connaitre sa structure et son organisation sociale**. A travers cette démarche on peut identifier les personnes ressources et personnes leaders qui ont le pouvoir de mobiliser d'impliquer et mobiliser la population en collaboration avec l'équipe opérationnelle du projet;
- Etudier un peu **l'Anthropologie du Douar** (ex : savoir est ce qu'ils sont nomades d'origine, comment ils sont arrivé là dans le Douar…) En vue de comprendre qui peut être mobilisé et quand ;
- Réaliser un calendrier saisonnier et journalier avec la population pour savoir **comment la population partage son temps**. Quels sont les mois chargés et les mois libres pour la population. Puis s'adapter à ce calendrier lorsqu'on veut réaliser des activités

__Pour lancer des activités__

- **Bien expliquer** le projet depuis le début, ne pas hésiter à reprendre les explications et la description des objectifs et des contenus du projet;
- Transmettre des **messages clairs** ;
- Impliquer la population dans les démarches à entamer avant même leurs réalisation opérationnelle ;
- Choisir certaines personnes comme des **personnes motrices** qui vont initier les

- travaux auxquels les autres vont venir adhérer (les personnes que l'on voit impliquées dans les prises de contact ou dans les réunions de planification);
- Veiller à ce que **l'information soit partagée avec tout le monde** ;
- Choisir les **jours convenables**, en concertation avec les bénéficiaires, pour assurer plus de présence des personnes pour réaliser les réunions et les visites;
- Parler des **impacts positifs et les bénéfices** du projet à **long terme**, et non pas se limiter à décrire ce qui doit être fait à court terme (par exemple, il ne faut pas se limiter à la simple réalisation des travaux de plantation, mais plutôt à ce qui va être gagné après les plantations, en mettant en tête que c'est mon territoire et mes parcelles que je suis entrain d'aménager) ;
- Souligner que la réussite du projet dans un territoire quelconque est un **bon indicateur de l'engagement** et de l'initiative de la population du Douar, ce qui peut leur apporter d'autres projets suite à la bonne réputation qu'ils vont acquérir auprès des différents acteurs. Rappeler quels sont les partenaires institutionnels du projet et comment ils suivent le projet et ses résultats.
- Montrer que le bénéfice important, c'est ce je vais **réaliser et apprendre**, et plus encore c'est cette démarche qui va améliorer mon niveau de vie;
- - Montrer que la population d'un Douar qui souffre d'un besoin énorme en infrastructures de bas, doit faire preuve de son engagement vis-à-vis des projets que les organisations de développement communautaire réalisent dans son Douar depuis le début jusqu'à la fin, pour **acquérir plus d'expérience** dans les projets de développement et pouvoir utiliser les **nouvelles connaissances et compétences** pour d'autres projets, notamment pour les nouvelles infrastructures.

Fondation Zakoura Education

II. Mobilisation communautaire et appropriation du projet

Le projet d'adaptation aux changements climatiques, dans sa vision de fond a été conçu **pour** et **par** la population des deux Douars. Une vision purement participative et qui donne au volet appropriation un caractère novateur qui octroie non seulement aux bénéficiaires le statut de récepteurs finaux, mais aussi un statut d'acteurs à part entière. Ce statut signifie, implication, motivation et responsabilisation des bénéficiaires vis-à-vis du projet.

La mobilisation se démontre par le fait que les communautés des deux douars ont été invitées, et ont activement participé à la conception du projet depuis le début au travers d'ateliers communautaires dans chaque douar, rassemblant les propriétaires des terrains forestiers et agricoles, les membres des associations locales des douars, les jeunes et les personnes âgés. Ceci s'est effectué selon une approche genre qui opte pour l'implication des femmes à tous les niveaux du projet. En vue de donner un cadre d'organisation bien fondé et pour instaurer une représentativité des deux communautés, il y a eu la création de deux Groupements Villageois de Gestion Durable de la Forêt (GVGD). Ces derniers ont été élus sur une base non officielle, mais ce sont des membres des communautés qui les composent. Il s'agit d'une instance non formelle mais qui a été mise en place par motivation et sur la base du critère du poids des personnes qui la compose dans les deux Douars, pour qu'il y'ai une influence sur la population bénéficiaire. Pour plus de précision, les GVGD des deux Douars sont constitué à la fois d'hommes de femmes et de jeunes. Sur le Douar Sremt le GVGD est composé de **10 hommes** et **10 femmes**, dont **un jeune homme** et **2 jeunes filles**. Concernant le GVGD du Douar Swit, on note la présence de **6 femmes** et de **7 hommes** dont **2 jeunes hommes** et **une jeune fille**. A travers ces chiffres, nous constatons donc l'implication des femmes et des jeunes dans la prise de décision au sein du projet.

Encadré 2 : Mission du GVGD

Le GVGD à pour missions principales :

- Il est le bénéficiaire direct des renforcements de capacités techniques et garant de leur mise en œuvre et diffusion au niveau communautaire ;
- Il se réunit en moyenne tous les deux mois (6 fois dans les délais du projet) pour mener les ateliers de formation communautaire et de concertation avec la population ;
- Il est référents et portes paroles auprès de la population;
- Présenter les conclusions des ateliers avec les populations, et faire remonter les besoins exprimés, les contraintes et les résultats du projet en direction des acteurs forestiers, agricoles, socio-économiques locaux et régionaux.

Du coté de l'appropriation du projet, plusieurs éléments peuvent être avancés, à savoir :

- o Les terrains de plantation sont constitués de parcelles privées qui appartiennent aux populations locales ;

- o Les individus se sont engagés bénévolement, et ils ont pu garantir la préparation des sols et le démarrage des plantations. Leur engagement concerne notamment la prise en charge ultérieure (entretien). Nous estimons la contribution bénévole des communautés aux travaux de plantation à **35 personnes** sur le Douar Sremt et **30 personnes** sur le Douar Swit.

- o Les plantations resteront à disposition des populations qui en assureront la surveillance ;

- o Les parcelles resteront toujours propriété privée des populations engagées dans le projet, en vue que les choses restent claires du point de vue juridique un engagement a été mis en place et qui sera signé par l'ensemble des individus engagés. Ce dernier montre de façon claire que le bénéficiaire donne son consentement pour planter sur sa terre sans aucune contre partie, car la terre reste sa propriété à vie ;

- o Les fruits des futurs plants bénéficieront à la population des deux Douars ;

Malgré tous ces éléments, plusieurs réticences ont été explicitées durant les Focus group. Les membres de la communauté ont peur de l'engagement, cela est dû au taux élevé d'analphabétisme, et au fait que généralement les régions enclavées éprouvent un sentiment de méfiance et de crainte vis-à-vis des autorités plus précisément le mot récurent « Makhzen ». Encore plus, on assiste au problème lié aux parcelles qui constituent une propriété des héritiers. Dans ce cas la difficulté réside dans la signature de l'engagement de plantation des parcelles. Lors des focus group du Douar Sremt, les bénéficiaires ont avancé cette difficulté et ils ont affirmé qu'il y a des membres de la même famille qui n'ont pas pu se mettre d'accord sur le fait de signer ou de ne pas signer l'engagement de plantation des parcelles.

III. Impacts socio-économiques, environnementaux et impacts sur les politiques publiques

Le projet ne pourrait avoir de retombées positives, s'il n'impact pas positivement le volet socio- économique et environnemental.

a. Impacts socio-économiques

L'amélioration du niveau de vie et l'intégration des bénéficiaires dans le processus du développement dit local, ne sont pas mesurables sur le terrain vu que le projet n'a pas encore donné ces résultats concerts en ce sens. Plusieurs réalisations sont à saluer, une identification de besoins des populations les plus vulnérables qui vivent dans zones enclavées, un appui technique et scientifique pour assurer la résilience d'un environnement qui assure la survie de ces population vivant sur le l'élevage qui n'est pas la seule activité dépendante des ressources forestières, mais le bois de la forêt est la première source d'énergie utilisée pour le chauffage et la cuisine des communautés. Ainsi qu'une sensibilisation à des pratiques protégeant la coupe du bois et valorisant les sols pour une agriculture résiliente. Tous ces éléments combinés à la recherche de développement des AGR, montrent que le projet vise l'ancrage d'une vie louable et un cadre de développement qui valorise non seulement l'être humain, mais aussi les ressources naturelles du terroir.

Pour donner une idée chiffrée sur la mesure des impacts socio-économiques, nous allons avancer ce qui suit :

- o Concernant le nombre de femmes ayant été impliquées dans le projet, et en se basant sur la valeur attendue en fin du projet qui doit au moins atteindre 50 femmes qui ont participé activement aux activités du projet, et au moins une représentativité féminine de 20% au sein des GVGD. Nous pouvons donc dire que la mesure de l'impact concernant la participation des femmes aux activités du projet a atteint un taux de 54%. Pour la représentativité féminine au sein des GVGD, l'impact a dépassé 100% car la participation des femmes a été égale à celle des hommes.

- o Concernant l'augmentation des revenus des bénéficiaires, la mesure de l'impact est de 0% ;

- o Pour le nombre d'individus qui ont bénéficié du projet de réduction de la pauvreté, et sur la base de la valeur attendue en fin du projet, qui devait atteindre une population de participants qui est constituée de 30% des femmes et 30% des jeunes. Nous constatons que la mesure de l'impact est de 0% ;

b. Impacts environnementaux

Il est force de constater dans le cadre de ce projet que la forêt fournit les ressources stratégiques aux conditions de vie des communautés : lieu de pâturage, fourrage foliaire, bois de chauffe et bois de construction… Les conséquences des coupes sont alarmantes et ont atteint un stade d'urgence. C'est pour cette raison que le projet a ramené un ensemble de mesures à la fois préventives et correctives, on cite l'expérimentation de la plantation de Genévrier Thurifère par la technique de bouturage, la plantation des espèces arborés qui résistent aux conditions climatiques les plus rudes en vue de garantir une production complémentaire de bois et de feuilles de pâturage, l'équilibre biologique des forêts, l'élagage raisonné de taillis.etc. Néanmoins, la mesure des impacts est délicate du fait que les résultats ne peuvent être significatifs que si l'on s'inscrit dans le long terme. Cela dépend de plusieurs éléments qui sont : l'engagement de la population à suivre les termes du projet, et à s'approprier les pratiques acquises lors de la période du projet, et les faire durer.

Pour donner un aperçu sur les impacts environnementaux à ce jour, nous allons citer ce qui suit :

- o Plusieurs innovations ont été mises en place et ont été maitrisées par les communautés tel que la technique d'élaboration du compost organique qui a été facilement adoptée par les bénéficiaires des deux Douars cette technique permettra de fertiliser les sols et de produire de bonnes récoltes. La technique d'élaboration d'insecticides naturels qui se base sur un traitement biologique des cultures, et dont les moyens sont disponibles et ne coutent pas cher. En fin la démonstration des méthodes de préparation des sols avant plantation des haies végétatives, qui ont permis aux bénéficiaires d'acquérir des techniques de préparation des sols sous l'encadrement des agents de la DPA et des Eaux et Forêts.

- En fin les plantations qui ont été prévues au début du projet, ont été toutes réalisées sur les terrais privés (plantation d'Atriplex, Chêne vert, Frêne, Retama, Cytisus) à l'exception des plantations du Genévrier Thurifère qui n'on pas encore été plantées. Nous ne pouvons pas déterminer l'impact actuellement, vu que les plantations sont récentes, mais nous pouvons par contre anticiper l'impact futur lorsque ces plantations seront utilisables par les communautés comme fourrage alternatif. De même ces plantations serviront pour lutter contre le phénomène d'érosion des sols et la perte de la biodiversité animale et végétale.

c. Impacts sur les politiques publiques

Au cours du ce projet, la philosophie du porteur de projet ainsi que le bailleur de fonds a consisté en l'influence des politiques publiques. Ceci étant réalisé par le fait d'approcher des partenaires de grande taille tel que le Haut Commissariat aux Eaux et Forêts (HCEF). La pertinence du projet et sa vision durable a joué un rôle important qui a engendré l'engagement conventionnel du HCEF. Les objectifs du projet ont permis d'attirer l'attention particulière des pouvoirs publics sur la question de disparition des peuplements du Genévrier Thurifère, qui constitue une espèce classée comme patrimoine ancestral, et qui est responsable de l'équilibre écologique dans la zone d'intervention concernée par le projet.

La signature d'une « Convention Cadre de Partenariat » entre le porteur du projet et la HCEF est une étape stratégique importante pour le projet. *« Au début, l'accord de convention était conçu seulement au niveau du CRF pour une vocation de recherche, mais l'équipe du CRF a insisté sur l'adhésion conventionnelle du HCEF »* Said HAJIB, Directeur du CRF Rabat. Cette convention a donné au projet un cadre institutionnel en impliquant une grande institution de l'Etat qui est étalée sur le niveau national, territorial, provincial et local. Ceci a permis d'apporter un soutien technique et financier au projet, de plus cette convention de partenariat permettra de dupliquer ce projet dans d'autres zones sur le territoire national.

Un autre point, est celui lié à l'instauration d'un esprit de concertation et de réflexion entre les agents des eaux et forêts et la population. Chose qui était quasi impossible dans le passé. Actuellement dans le cadre de ce projet, les consciences ont évolué de façon remarquable, les membres des Douars sont devenus soucieux de leur environnement et demandent l'assistance des agents des eaux et forêts en vue de planter d'avantage les falaises des montagnes entourant les Douars. En vue bien entendu de lutter contre l'érosion et la dégradation des sols. Les agents des eaux et forêts de leur part ont proposé plusieurs offres aux populations lors des focus group, tel que l'aménagement de la piste du Douar Sremt, ainsi que la plantation des falaises des deux Douars pour lutter contre le phénomène de l'érosion des sols. Au-delà, les eaux et forêts ont proposé aux populations de Sremt qu'ils vont mettre une condition à l'entreprise qui se chargera de l'aménagement de la piste. Cette condition concernera le recrutement des populations dans les travaux en vue de générer des revenus supplémentaires aux bénéficiaires.

IV. Changement des pratiques et du comportement

L'avènement du projet a influencé positivement les pratiques et les comportements de la population des deux Douars. Sur la base des informations récoltées lors des focus group, les bénéficiaires ont confirmé le rôle important qu'aient joués la formation et la sensibilisation dans la modification de leurs pratiques vis-à-vis de la forêt. Ils sont désormais conscients de l'utilité de la préservation de l'environnement.

« Quand je regarde les femmes ramener le bois à dos d'âne, ça me fais de la peine et je me rends compte que c'est une manière lente de mettre fin à notre avenir et à celui de nos enfants ». Un membre du GVGD du Douar Swit.

Certaines techniques ont été rapidement utilisées dans les deux Douars, à savoir la technique de compostage traditionnel qui a été dupliquée dans **11 foyers** du Douar Sremt et dans **18 foyers** au Douar Swit, ce qui montre l'intérêt porté à cette technique et la conviction des populations par l'effet positif qu'elle portera à la résilience de l'agriculture. Certains qui l'on déjà utilisé ont affirmé l'amélioration observée au niveau de la taille des produits agricoles (cas des tomates).

Ajoutons également la volonté de plus en plus poussée de s'inscrire dans le chantier des plantations par les membres des deux Douars. Certains qui étaient dans le début septique (lors du démarrage du projet), à notre première visite d'évaluation, ils ont regretté leur négligence vis-à-vis des plantations.

« Au début, ils m'ont proposé un nombre de plants et j'ai refusé. Maintenant je vous le déclare solennellement, je suis près à planter dans mes parcelles quelque soit le nombre de plants, et même s'il y'a quelqu'un qui va refuser ce que l'on va lui remettre comme plants, je serais là pour les planter à sa place ». Un membre du Douar Sremt.

Les plantations du chêne et du frêne ont été réalisées au Douar Sremt. Un matériel de clôtures et des files de barbelais, ainsi qu'un matériel de bonne qualité pour assurer les plantations (léger de poids).
« Les signes de satisfaction sont apparus sur les visages de la population », c'est ce que nous avons remarqué en faisant la différence entre la première et la deuxième visite.
Après la clôture du Focus group participatif des hommes, tout le monde est passé à l'action sur les parcelles de plantation... Ensemble, un par un, jeunes et enfants, adultes et vieux... Se sont mis ensemble à planter en respectant les consignes déjà effectuées dans les séminaires de formation conduite par l'équipe de suivi locale, les agents des eaux et forêts, et les agents de la DPA. Cette opération a été encadrée par l'équipe des Eaux et Forêts. Nous avons enregistré une forte présence des jeunes qui sont venu pour passer les vacances lors de la fête Al Adha.

Mais il faut noter que seules quelques plantations ont été réalisées, le reste a été laisser pour le continuer ultérieurement par la population du Douar Sremt, également pour la mise en place des clôture.

V. Avis de la population sur les approches utilisées

Le porteur du projet a mis en place un ensemble de techniques participatives, depuis le démarrage du projet jusqu'au déroulement des activités du projet. L'adoption de méthodes adaptées sur le plan culturel et social a permit de donner satisfaction aux bénéficiaires. L'utilisation d'ateliers participatifs dans les formations et les diagnostics pour impliquer les bénéficiaires dans la prise de décision. Ainsi que l'utilisation de techniques axées sur le genre, en vue d'impliquer la femme comme acteur de développement, ceci a été réalisée par le fait de mettre en place une équipe locale mixte, composée de personnes issues de la même région et parlant la même langue. Au niveau des formations, le porteur du projet a insisté sur le recrutement d'une équipe mixte, avec l'obligation de parler amazigh. Ces approches ont été largement saluées par la population lors des entretiens de terrain.

« Nous étions là, depuis le commencement. Les gens de la FZE n'ont pas fait les choses de leur propre choix, ils nous ont impliqué, et nous avons constitué une force de proposition dans toutes les étapes du projet… c'est une démarche que nous avons beaucoup apprécié dans le fonctionnement de la FZE ». Un bénéficiaire du Douar Sremt.

VI. Durabilité du projet

Il s'agit d'un projet d'adaptation aux changements climatiques, qui s'inscrit dans une optique de développement durable. Réunissant ainsi la préservation de l'écosystème et le niveau de vie des populations à travers les Activités Génératrices de Revenus. Dans cette vision, ce projet peut être qualifié de projet durable.

« Nous sommes des vieillards, et notre temps touche à sa fin, ce que l'on cherche c'est que ce projet puisse apporter le bien être à nos petits enfants. Nous ne souhaitons pas qu'ils vivent les mêmes conditions lamentables que nous avons vécu et dans lesquelles on vit encore». Un membre du GVGD Sremt.

Néanmoins, selon le Directeur du CRF : *« Pour parler de durabilité, il faut instaurer une surveillance continue dans le temps par l'intermédiaire d'institutions qualifiées dans le domaine forestier ».* Il s'agit d'un constat logique, car en parlant de durabilité on s'inscrit dans la continuité de l'action à long terme. Cela veut dire que les activités du projet plus particulièrement les plantations réalisées doivent réussir et se maintenir à long terme. En se basant sur les visites du terrain un premier risque à la durabilité a été déjà identifié par l'évaluateur, ce risque est le suivant : les communautés ont commencé à planter sur les parcelles avant de mettre en place les clôtures, ce qui expose les plantes au risque des cheptels. D'autre part, la durabilité peut être réalisée si et seulement si l'action au sein du douar se projettera dans le futur de façon collective et basée sur le consensus, la complémentarité et l'entraide, sans oublier de mettre l'accent sur le suivi et plus particulièrement la surveillance continue des périmètres de plantation. Prenons l'exemple du Genévrier Thurifère, qui à besoin d'une dizaine d'année pour arriver au stade d'arbre, sans oublier les risques qu'il peut recourir à cause de la raideur du climat, et du cheptel.

Pour conclure nous allons essayer d'avancer certains facteurs qui vont nous permettre d'affirmer les bases de la durabilité. Ces facteurs ont eux-mêmes besoin d'êtres vérifiés dans le long terme. Nous allons citer :

- L'implication des services publics et les communes dans le projet, ainsi que l'institutionnalisation du partenariat avec le HCEF. Ce facteur pourrait générer un appui technique et financier dans la seconde phase du projet.

- La création d'un contact entre les communautés et les services publics. Ceci permettra de rendre les communautés autonomes dans leur projet, et de recourir eux-mêmes aux services publics pour demander dans le futur de l'assistance techniques et matérielle.

- L'implication des communautés par le biais d'octroi de leurs terrains privés, ainsi que leur engagement bénévole dans les travaux de plantation. Ajoutons à cela l'investissement des jeunes, et plus particulièrement l'attachement des enfants à la plantation.

Section V : Recommandations

Dans cette section nous allons classer les recommandations selon deux dimensions, une dimension stratégique et une autre qui est opérationnelle.

I. Recommandations d'ordre stratégique

- Les communautés des deux Douars souffrent d'une pauvreté extrême. Il faut envisager donc de mobiliser des fonds supplémentaires pour dynamiser l'économie des populations des deux Douars. Ajoutons à cela le fait d'exercer du poids sur les autorités qui sont responsables de l'aménagement des routes, par le biais du **Plaidoyer**. Ceci permettra l'accessibilité des transports et donc mettra en valeur les produits du terroir qui feront l'objet d'Activités Génératrices de revenus ;

- La pénurie de l'eau constitue un défi majeur pour la zone d'intervention. En vue d'apporter une solution efficiente, il faut approcher les collectivités locales ainsi que l'INDH qui dans sa deuxième phase et qui opte dans ses programmes pour un volet destiné aux infrastructures de base, l'objectif ici est la construction de barrages collinaires. Les coupures géographique et lignes de Talweg qui se situent près des Douars constituent déjà une forme convenable pour la construction des barrages collinaires. Ceci permettra aux populations locales qui souffrent de pénurie d'eau, d'avoir une ressource d'eau permanente pour l'agriculture et en vue d'irriguer les plantations qui seront effectué dans les parcelles privées. Il faut noter que la population de Sremt lors du dernier focus group participatif, ont évoqué que le compostage traditionnel exige des quantités importante d'eau.

- o Les changements des systèmes culturaux, la rotation des parcours et la gestion collective des terrains forestiers, doivent se maintenir à long terme. Ceci appel a plus de suivi et d'accompagnement pour la seconde phase du projet dans l'objectif d'assurer la continuité des procédés et techniques déjà mis en place. La population des deux Douars est constituée d'une minorité de personnes à faible niveau d'instruction qu'on ne peut laisser à eux même ;

- o Le porteur du projet doit instaurer des programmes éducatifs pour renforcer les bases, en visant les enfants de demain par une éducation de qualité. Cette dernière doit porter sur l'apprentissage des valeurs de citoyenneté et de préservation de l'environnement.

- o Le Douar Swit souffre d'un problème d'enclavement géographique et plus d'un enclavement technologique avec l'absence du réseau téléphonique. Conséquence, des retards dans la mobilisation des bénéficiaires lors des activités du projet, et même plus urgent que cela l'éloignement des habitations du Douar engendre une grande difficulté à les mobiliser pour assister aux activités du projet. L'équipe locale compte sur des messagers qui transportent l'information d'un foyer à un autre, ceci entrave le bon déroulement des activités du projet. Donc, la mise en place d'un réseau téléphonique est indispensable pour garantir l'efficacité dans les activités à venir.

- o Lors de la seconde phase du projet, il est indispensable d'accompagner les porteurs d'AGR en matière de renforcement des capacités (formations en gestion administrative et financière, formations techniques pour l'utilisation du matériel selon chaque type d'AGR, formations en hygiène et conditionnement des produits…).En outre, une étude détaillée du circuit économique de chaque AGR doit être réalisée. La réussite des AGR, dépend en grande partie des débouchés de commercialisation.

- o Les bénéficiaires qui seront engagés dans les AGR doivent bénéficier dans le cadre du projet de visites d'échange pour apprendre et s'inspirer des expériences d'autres coopératives dans la région. Nous proposons, les coopératives de la commune d'Ouzoud, la ville de Demnate. Il s'agit des coopératives de Miel, PAM, Couscous et de Poterie…

II. Recommandations d'ordre opérationnel

Dans ce paragraphe nous allons mettre l'accent sur ce qui est attendu du porteur de projet.

o En premier lieu, il faudra revoir le volet coordination avec l'ensemble des partenaires du projet. Il est certain que la responsable du pôle environnement subit une charge importante, vu quelle gère plusieurs projets à la fois. Nous recommandant dans ce cas, le recrutement d'une personne qui sera chargé de ce projet en vue d'assurer et se concentrer sur la mise en place d'une coordination efficace en matière de circulation de l'information et également en matière de recherche de convergence des décisions et propositions des partenaires et bailleurs de fond. Un projet pluri acteurs qui manquent de visibilité transversale ne peut être performant que si tous les partenaires ont la même lecture des composantes du projet. Lors des entretiens avec les partenaires, nous n'avons pas senti cette vision transversale. En plus, certain acteurs (Peace Corps, le CRF) n'ont pas pu répondre à certaines questions en raison du manque d'informations actualisées provenant du porteur du projet.

o Un deuxième point, concerne la réalisation d'une capitalisation profonde du projet et de sa philosophie. Cela nécessite l'exploitation des constats de l'évaluation externe et de la réunion de capitalisation qui est prévue à la fin du projet. L'objectif est de produire des expériences et des connaissances qui seront partageables, et peuvent êtres dupliquées ailleurs. Un document de capitalisation des expériences s'avère indispensable.

o Il est indispensable de procéder à une cartographie des terrains privés qui été plantés. De ce fait il faut faire appel à un spécialiste externe en vue de déterminer la surface exacte qui a été octroyée par les communautés. Cette surface octroyée bénévolement par les communautés fera l'objet d'une bonne pratique à capitaliser et à diffuser autour du projet.

o Il faut envisager de réaliser un atelier pratique aux femmes autour de la mise en place des fours aménagés. Les femmes ont beaucoup apprécié cette technique et elles l'ont trouvé pratique, économique par rapport au bois de chauffe, et permet de protéger la forêt contre le déboisement.

Annexes

Annexe 1 : Grille d'entretien avec les partenaires du projet

Intervenant
:…………………..……..
Organisme :
……………………….. **Ville :**
…………………………….
Interviewés :
……………………..
Le :…./……/……/…..

Volet	Indicateur	Formalisation des questions	Réponses
		Situation avant le lancement du projet	
1	Problématique environnementale locale	Désertification ?Biodiversité ? Changement climatique ?	
2	Situation socio-économique	Revenu initial ? Moyens matériels et techniques utilisés? Fixation des populations dans leur territoire ?	
		Situation après le lancement du	
3	Réalisations par rapport aux activités prévues au démarrage du projet : -R.1.0(A1, A2, A3); -R.2.0(A1, A2);	- Activité non réalisée? - Activité en cours de réalisation ? - Activité clôturée ?	
4	Efficacité dans la mise en œuvre du projet: - Outils de gestion - Suivi,	Quelles étaient les méthodes et outils que vous utilisaient pour la gestion de votre projet ?	
5	Les contraintes rencontrées lors de la mise en œuvre: - Institutionnelles - Administratives - Techniques	Citez nous les contraintes que vous avez rencontrées tout au long de l'existence de votre projet?	

6	Les impacts sur les bénéficiaires du projet	Impacts socioéconomiques : -Nombre de postes d'emploi crées ? -Améliorationdes revenus existants? -Générationdesrevenus? Impacts environnementaux : -Biodiversité ? -Changement climatique ? -Désertification ?	
7	Capacité de mobilisation et d'implication de la population et	- Quelle était la place des populationscibles	

	locaux dans le projet	votre projet ? bénéficiaires et acteurs? - Nombre de femmes, hommes, jeunes impliqués? - Quel était le degré	
8	Changement des pratiques et du comportement de la population	- Comment vous avez pu influencer et changer les attitudes et pratiques de la population à travers le renforcement des capacités?	
9	Durabilité et degré de réplication du projet	- A votre avis les résultats atteints dans votre projet, permettent-ils de dire que le projet à une tendance durable et peut être copié?	

Annexe 2 : Compte rendu des entretiens avec les partenaires

Comme nous l'avons précisé dans le tableau d'organisation des entretiens, l'échantillon a concerné cinq partenaires du projet. Les entretiens se sont déroulés sur la base d'une grille prés-établie et qui figure dans l'annexe 1.

Les rencontres ont été caractérisés par des reports répétitifs. La réunion avec le CRF a été reportée une fois, le Peace corps deux fois, et en fin la DREF une fois. Ces reports ont été dus à des déplacements professionnels des personnes à interviewer.

Les entretiens se sont basés sur les questions de la grille (annexe 1). Néanmoins, nous avons rencontré certaines difficultés qu'il est important de signaler :

- Les questions de la grille ne concordaient pas en totalité avec le poste occupé par les personnes interviewées. Certaines questions n'ont pas été traitées vu que la personne concernée ne dispose pas d'information actualisée des activités du terrain. On conclusion les réponses ont pris un caractère stratégique lié au démarrage du projet (Peace Corps), et aux impacts à long terme (CRF).

- La réunion avec le CBA, a pris par contre un volet de recadrage de la mission. Mettant l'accent sur les attentes de l'évaluation, et demandant les constats de la première visite du terrain en vue de les détailler, ce qui à piétiné sur les questions de base de la grille d'entretien ;

- Le Peace Corps, a déclaré qu'il ne peut pas nous apporter grand-chose sur les questions de la grille, en raison du manque d'information provenant du porteur de projet. Précisant par la suite que les volontaires sur les Douars rendent compte des actions qui concernent uniquement les activités de Peace Corps.

Annexe 3 : Grille des Focus Group et entretiens avec lesbénéficiaires

I- **LES MEMBRES DES GROUPEMENTS VILLAGEOIS DE DEVELOPPEMENT DURABLE DE LA FORET ET**

**POPULATI
ON**

Introduction : 10 min

- Présentation des participants
- Présentation du cadre de la mission et les objectifs
- Présentation de l'intervenant

	N° axe	Ax	Eléments de questionnement
Partie 1 : Perception spontanée sur projet 15min	1	Situation environnementale et socio- économique du douar et importance du programme d'adaptation aux changements climatiques	Désertification ?
			biodiversité ?
			Pauvreté ?
			Autres problématiques liés au projet
Partie 2 : Présentation objectifs du projet 15 min	2	Activités du projet	1. Renforcement de capacités et sensibilisation 2. Amélioration et adaptation des techniques agricoles locales pour une agriculture résiliente. 3. Plantations forestières et régénération du Genévrier Thurifère. 4. Recherche et Développement 5. Développement d'une Activité Génératrice de Revenus. 6. Meilleure connaissance des pratiques
Partie 3 : Réactions des participants 30 min	3	Opinions sur les activités menées au profit de la population locale	Les activités réalisées ? Les activités encours de réalisation ? Les activités non encore réalisées ? Avantages et inconvénients…
	4	Mobilisation avant et au cours du projet	Prise en considération de vos préoccupations ? ….. de vos suggestions pendant l'élaboration du projet ?
	5	Durabilité du projet	A travers les différentes activités réalisées dans le cadre du programme, quelles sont les possibilités de continuité

	6	Changement des pratiques et comportement	Comment les actions menées ont changé vos attitudes et pratiques ? (relation avec l'environnement, techniques apprises lors des formations, amélioration de la
	8	Impacts	- Impact socioéconomique - Impact environnemental

II- GUIDE D'ENTRETIEN INDIVIDUEL AVEC LES BENEFICIAIRES

Introduction 10 min
Un court résumé sur le projet sinon des rappels pour relancer l'entretien pendant la rencontre

Questions ouvertes 20min

1. Comment vous percevez les activités menées au profit de votre Douar ? ce qui était bénéfiques ? ce qui ne l'était pas ? objectifs du projet, Activités, Impacts, durabilité,.....

2. Qu'est ce que le projet a apporté pour vous en tant qu'individu et membre de la communauté ?

3. Dans quelle mesure vous étiez mobilisé en tant qu'acteur dans le projet avant et encours de la réalisation du projet ?

4. L'avènement de ce projet à-t-il changé vos comportements et vos pratiques vis-à-vis de l'environnement de votre communauté ? Si oui, expliquer nous comment ? Si non, pour quelle raison ?

5. Comment vous jugez l'intervention, les méthodes, et les démarches utilisées par les partenaires (FZE, Eaux et Forêts, DPA, Volontaires Peace Corps...) ? Avantages et inconvénients...

6. Qu'est ce que vous proposez/recommandez pour les actions à venir?

7. Qu'est ce que vous avez apprécié dans les activités pratiques ? Dans quelle activité vous avez eu le plaisir de faire les choses ?

Annexe 4 : Trame d'animation des focus group

Perceptions, attitudes et comportements des bénéficiaires de projet à l'égard des pistes d'adaptation aux changements climatiques.

Accueil et introduction : 20mn

Accueil

Faire un tour de table pour :

- o Briser la glace (les participants se connaissent)
- o Présenter ses attentes / ses expériences / s'adapter
- o Instaurer un climat de confiance en installant des règles de vie collective
- o Favoriser l'interaction
- o Personnaliser (appeler les participants par leur prénom)
- o Favoriser la cohésion du groupe et le motiver

Introduction

Présenter :

- • Les objectifs de l'atelier
- • Le programme / le déroulement
- • Le contrat didactique
- • Cadrer le sujet

Poser les questions et animer la discussion : La grille doit porter sur un maximum de 5 à 6 questions de fond 1h55.

NB : Il faut faire la différence entre les relances et les questions defond

Perceptions spontanées sur le projet(55')

Questions sur les activités qui ont caractérisées le projet (2-3 questions).

Information descendante – contenu(15')

Discussion sur chacun des résultats du projet tel qu'énoncé sur la note du projet.

Réactions des participants sur les informations(30')

Récolte des réactions et évaluations personnelles des résultats du projet par les participants (2-3 questions).

Recommandations des participants(15')

Ressortir les propositions des participants et les pistes d'actions futures seloneux.

Clôture : 15mn

Remercier les participants pour leurs apports fructueux et collecter leur ressenti.

Annexe 5 : Compte rendu des Focus group participatifs et des entretiens individuels de la première visite 18 et 19 septembre 2012

1. Equipe d'intervention :

L'équipe d'évaluation est composé de Mr Hicham Abdedine et Mme Ibtissam MZIBRI. Les deux consultants se sont déplacés au lieu de la mission le 17 septembre 2012 pour effectuer leur mission d'évaluation les deux journées du 18 et 19 septembre 2012. Une fois sur place, l'équipe d'évaluation à rencontrer l'animateur Said Haddach qui l'a facilité l'accueil et l'installation à l'hôtel.

Un petit briefing s'est réalisé entre l'équipe d'évaluation et l'animateur sur le déroulement et les démarches relatifs à la mission.

2. Déroulement de la mission :

- Le 17 septembre l'animateur a assuré la coordination avec les responsables des eaux et forêts en vue d'effectuer la visite des lieux.
- Le responsable a accueilli l'équipe dans son bureau pour s'informer sur l'objet de la mission, avant de faire le départ sur le Douar Sremt.
- Les eaux et forêts ont assisté au premier focus group -hommes-. Par la suite ils ont fait une simulation sur la technique de plantation dans les parcelles en présence du groupement des villageois.
- A la fin du FG des entretiens individuels ont été réalisés avec 5 hommes et 5 femmes
- Le 18 septembre, le départ a été effectué à destination du douar le plus proche d'Ait Mhamed en compagnie des eux et forêts. Le même programme de visite s'est déroulé dans le doura Swit.
- La durée moyenne des FG était d'une heure pour les deux douars et les deux sexes
- Chaque entretien individuel a pris 10 min en moyenne

Répartition des participants selon le nombre, le sexe, et la moyenne d'âge

	Douar Sremt		Douar Swit	
	Femmes	*Hommes*	*Femmes*	*Hommes*
Nombres participa	10	10	6	7
Age moyen*	39	40	35	38

3. Constats préliminaires :

D'après le traitement des informations recueillies l'équipe a relevé les constats suivants :

- Le GVGD souffre d'un problème de pauvreté lié au manque de ressources naturelles, plus particulièrement la pénurie de l'eau,
- Tendance favorable et conscience de l'importance de l'environnement de la part des membres du GVGD,

- Très bonne appréciation de la formation sur les techniques de la culture biologique par les GVGD des deux douars, ces dernières ont généré des résultats concrets au niveau des cultures,
- Les hommes étaient ouverts à l'engagement vis-à-vis des plantations sauf qu'ils étaient un peu septiques au nombre de plants par personne. Ils ont justifié ceci par le manque de moyens matériels et le manque de mains d'œuvre jeune,

- Problème de la migration interne qui fait que la majorité de la population masculine est composée de personnes plus âgées. Ce qui entraîne un dysfonctionnement au niveau de la gestion des affaires locales des deux douars,
- Mauvaise répartition des rôles sociaux, c'est les femmes qui assurent la majorité des tâches : recherche de l'eau et du bois ainsi que la prise en charge du bétail,
- Concernant les plantations, la majorité des hommes du douar à part le GVGD ne sont pas d'accord sur les plantations (douar Sremt). D'autre part, les GVGD veulent, certes, développer leur communauté par des le fait de s'impliquer dans les plantations, mais ils ont souhaité que cette implication soit rémunérée de façon au moins symbolique, c'est ce qu'on appelle dans les projets communautaires la génération des revenus supplémentaires,
- Les femmes ont exprimé un avis favorable par apport aux activités réalisées de façon générale, mais elles préfèrent les AGR vue leur situation de pauvreté absolue,
- Les femmes ont déclaré un avis défavorable par apport à la formation concernant les fours traditionnels économisant la consommation du bois. Elles ont mis le point sur le fait que la formation est restée théorique et non appuyée par une pratique sur le terrain

4. Difficultés rencontrées :

- Retard dans la mise en place du Focus group du Douar Swit. les membres du GVGD du douar n'étaient pas tous informés de la visite à cause de l'absence d'un relais pour la liaison du réseau téléphonique. En outre il faut noter une (dispersion des foyers) dans le Douar. Ajoutons à cela que la plupart des femmes qui ont participé au Focus group n'étaient pas bénéficiaires des activités du programme.

- Au niveau du Douar Sremt, la majorité de la population excepte les membres du GVGD sont contre la plantation des parcelles. En plus certaines rumeurs circulent dans le Douar (tel que le fait de percevoir une corruption de 2000 MAD pour chaque membre du GVGD suite au démarrage du projet).

- Les Focus group se sont focalisés sur les membres des GVGD, et n'ont pas couvert le reste de la population, ce qui rend l'information plus ou moins fiable.

Annexe 6 : Compte rendu du Focus group participatif et des entretiens individuels de la deuxième visite 05 et 06 novembre 2012

1. Equipe d'intervention :

L'équipe est composée de Mlle Hanane, M. Said Hdach, les deux volontaires de Peace Corps, M. Hicham Abdedine et l'équipe des Eaux et Forêts de Ait Mhamed. Malheureusement Mlle Ibtissam n'a pu assister pour des raisons sanitaires.

Une fois sur place, le consultant externe et l'animateur Said Haddach ont effectué un petit briefing en vue de clarifier la démarche d'intervention lors des Focus group.

2. Déroulement de la mission :

L'équipe s'est rencontré devant l'hôtel pour faire le départ dans le 4*4 mis en place par FZE, puis une deuxième rencontre avec l'équipe des eaux et forêts sur Ait Mhamed en vue de faire un départ groupé pour agir efficacement sur le terrain. Sur le terrain la coordination est bel et bien rassurante : une présence ponctuée de la part des hommes du Douar Sremt, par contre nous avons enregistré un retard dans la présence des femmes vue qu'elles travaillaient sur les champs (préparation pour la saison de l'hiver).

Concernant le nombre des participants hommes, une différence confirmée qui dépasse largement la première visite : la deuxième visite a coïncidée avec les vacances de la fête de l'Adha, et donc une forte présence des jeunes du Douar et qui étaient intéressés par la participation au Focus group. Pour être exacte le nombre des participants a atteint 22 personnes dont environ 75% sont des jeunes. Le focus group des hommes a été marqué par une participation et un débat ouvert pour faire participer les jeunes du Douar Sremt.

Pour ce qui du nombre des femmes, il a atteint 10 femmes âgées entre 19 et 55 ans. Ce focus group a constitué un champ de débat prononcé de la part des femmes du Douar Sremt.

3. Une phase de concrétisation confirmée

La deuxième visite a été caractérisée par un changement de physionomie de la population locale. Certes, le projet a commencé sur la base d'une construction fondée sur la proposition, la négociation, et le renforcement de capacité... Les gens du Douar étaient ouverts mais les esprits sont restés dans une phase de suspens, attendant ainsi de voir le concret. L'heure de vérité est venue apaiser les esprits et confirmer aux populations le résultat qui se construisait petit à petit.

Les plantations du chêne et du frêne ont été apporté en fin au Douar Sremt. Un matériel de clôtures et file de barbelais également avec matériel de bonne qualité pour assurer les plantations (léger de poids).

Après la clôture du Focus group des hommes, tout le monde est passé à l'action sur les parcelles de plantation... Ensemble, un par un, jeunes et enfants, adultes et vieux... Se sont mis ensemble à planter en respectant les consignes déjà effectuées dans les séminaires de formation. Cette opération a été encadrée par l'équipe des Eaux et Forêts. Nous avons enregistré une forte présence des jeunes qui sont venu pour passer les vacances. Il faut noter que seules quelques plantations ont été réalisées, le reste a été laisser pour le continuer ultérieurement par la population du Douar Sremt.

N.B : A cause de la pluie torrentielle qui a affecté la région d'Azilal le soir du 05 novembre, l'équipe n'a pas pu continuer sa mission. La route a été totalement coupée, chose confirmée par le chauffeur qui transmettait le matériel de logistique au Douar Swit... Ajoutons à cela le risque que l'équipe a parcouru lors du départ au Douar Sremt, un petit glissage a failli nous balancer au fond d'une vallée.

4. Réactions de la population du Douar Sremt :

Les réactions de la population ont été comprises entres réaction positives et d'autres qui sont négatives :

Pour les hommes,

- Ils ont réclamé lors du Focus group le besoin des plantations fruitières pour s'enrichir et avoir un revenu stable. Même s'ils sont convaincus de l'importance des plants dans la protection des sols contre l'érosion et l'écoulement de la boue.
- Une catégorie des hommes ont un sentiment de doute quant à l'engagement signé, surtout pour les familles à héritage (il faut avoir le consentement de tous les héritiers)...
- Les jeunes avaient encore 10 à 15 jours sur leur Douar, ils se sont engagés à préparer le sol des parcelles qui restent et de clôturer et planter ce qui reste.

Concernant les femmes,

- Le douar connaît des conditions climatiques difficiles, et vivent dans la pauvreté c'est pour ça que le projet est important pour la population afin de faire face aux impacts des changements climatiques.

- Les femmes ont beaucoup apprécié les activités et les formations qui ont été déjà réalisées. Elles ont commencé à utiliser ces activités dans leur vis quotidienne.

- Les femmes préfèrent les activités pratiques plus que les activités théoriques, car elles facilitent la compréhension (par exemple : le composte organique.)

- Le désir des femmes de profiter des projets d'intérêt spécifique aux femmes, comme le cas des projets générateurs de revenus ;

Les entretiens individuels sur Sremt

Le planning de la deuxième visite était chargé, et le temps était un peu serré. Nous avons rencontré la difficulté de rassemblement des populations, en plus de la route qui était dans un état inaccessible suite aux premières précipitations.

Nous étions contraints par la réalisation de l'évaluation de la vulnérabilité de la part de l'équipe locale, ensuite il fallait assister au chantier des premières plantations de chêne et de frêne dans certaines parcelles pilotes. Cette activité a pris plus de temps, car elle était visualisée par l'équipe locale et encadrée par les agents des eaux et forêts. De ce fait nous n'avons pas pu réaliser les entretiens individuels avec les bénéficiaires, mais il faut noter que les questions les concernant nous les avons intégré dans le focus group pour avoir des réactions participatives.

Bibliographie

- *« Les Changements Climatiques au Maroc : Défis et opportunités »*, Conférence nationale, 2009, 67 p.

- *« Environnement et Changement Climatique au Maroc : Diagnostic et perspectives »*, Ellionor ZEINO-MAHMALAT et Abdelhadi BENNIS, Ed. Konrad Adenauer Stiftung, 2012, 90 p.

-

- Le Plan cadre des Nations Unies pour l'Aide au Développement UNDAF, 2012-2016, 44 p.

- Rapport de l'Institut International de l'Eau et de l'Assainissement, 2012.

- *« La diplomatie climatique : Les enjeux d'un régime international du climat »*, Sandrine Maljean-Dubois et Matthieu Wemaêre, Ed. A.PEDONE-PARIS-2010.

- *« Les enjeux de l'adaptation aux changements climatiques »*, Maria Mansanet-Battaler, CDC Climat recherche, n°21, avril 2010, 2 8p.

www.ingramcontent.com/pod-product-compliance
Lightning Source LLC
Chambersburg PA
CBHW081123280526
45787CB00007B/2956